AF400120

YVES LAROUTEAU

Napoléon Bonaparte

Synthèse historique

Hésiode éditions

65 rue d'Alger - 13005 Marseille.

ISBN 978-2-38512-256-0

Dépôt légal : Janvier 2025

service-editorial@hesiode-editions.com

Impression Libri Plureos GmbH

Friedensallee 273

22763 Hambourg, Allemagne

SOMMAIRE

L'ASCENSION
ET LE PARCOURS PERSONNEL

Napoléon Bonaparte incarne l'un des exemples les plus frappants d'ascension sociale et politique dans l'histoire moderne. Né le 15 août 1769 à Ajaccio, en Corse, il a su transcender ses origines modestes pour devenir empereur des Français et l'une des figures les plus influentes de son époque. Son parcours est indissociable du contexte révolutionnaire qui a marqué la fin du XVIIIᵉ siècle, lui offrant des opportunités exceptionnelles de briller grâce à son talent, son ambition et sa détermination.

<u>Origines et éducation</u>

Napoléon est issu d'une famille corse relativement modeste mais ambitieuse. Son père, Carlo Buonaparte, était un avocat et représentant local, ce qui permit à Napoléon d'accéder à une éducation de qualité. Grâce à une bourse accordée par la monarchie française, il intégra en 1779 le collège militaire de Brienne, en France continentale, à l'âge de 10 ans. Sa scolarité fut marquée par une grande discipline et une fascination pour l'histoire et les mathématiques, des compétences qui allaient devenir essentielles dans sa carrière militaire.

En 1784, il rejoignit l'École militaire de Paris, où il se spécialisa dans l'artillerie, un choix judicieux à une époque où cette branche militaire jouait un rôle clé sur le champ de bataille. Il obtint son diplôme en 1785, à l'âge de 16 ans, devenant ainsi sous-lieutenant dans un régiment d'artillerie. Sa rigueur et son intelligence impressionnèrent ses supérieurs, mais ses origines corses et son accent firent de lui une figure parfois isolée parmi ses pairs.

Les débuts de sa carrière militaire

Les premières années de la carrière militaire de Napoléon furent marquées par des expériences contrastées. En Corse, il tenta de s'impliquer dans les affaires locales, mais les tensions entre sa famille et les factions indépendantistes le poussèrent à quitter l'île pour s'installer définitivement en France. Ce fut la Révolution française (1789-1799) qui ouvrit les portes à ses ambitions. La chute de l'Ancien Régime et la réorganisation de l'armée permirent à de jeunes officiers talentueux, issus de milieux modestes, d'accéder à des responsabilités jusque-là réservées à l'aristocratie.

En 1793, à Toulon, Napoléon se distingua pour la première fois. Chargé de coordonner l'artillerie lors du siège de la ville, occupée par les Britanniques et leurs alliés royalistes, il mit en œuvre une stratégie novatrice qui permit de remporter une victoire décisive. Cet exploit attira l'attention de ses supérieurs et lui valut une promotion au grade de général de brigade à seulement 24 ans.

L'opportunité révolutionnaire

Le contexte révolutionnaire joua un rôle clé dans l'ascension de Napoléon. Les bouleversements politiques et sociaux affaiblirent les structures traditionnelles de pouvoir, créant un vide que les individus ambitieux pouvaient exploiter. Napoléon profita également des rivalités entre factions révolutionnaires. En 1795, il fut appelé à réprimer une insurrection royaliste à Paris, une mission qu'il accomplit avec succès en utilisant l'artillerie pour disperser les émeutiers. Cette victoire fit de lui un héros républicain et un protégé de Paul Barras, l'un des principaux dirigeants du Directoire.

Le tournant des campagnes d'Italie et d'Égypte

Sa carrière militaire prit une nouvelle dimension lorsqu'il fut nommé commandant en chef de l'armée d'Italie en 1796. À la tête de troupes mal équipées, Napoléon mena une série de campagnes brillantes contre les forces autrichiennes et leurs alliés. Par son génie tactique, sa capacité à galvaniser ses hommes et son habileté à exploiter les faiblesses de ses adversaires, il remporta des victoires majeures, comme celles de Lodi, Arcole et Rivoli. Ces succès le propulsèrent au rang de figure nationale et lui conférèrent une réputation de stratège invincible.

En 1798, Napoléon entreprit une expédition ambitieuse en Égypte, visant à affaiblir la puissance britannique en menaçant ses intérêts dans la région. Bien que cette campagne fût moins fructueuse sur le plan militaire, elle renforça son image de chef visionnaire et audacieux. Elle permit également la découverte d'importants trésors archéologiques, dont la célèbre pierre de Rosette.

L'ascension politique

La carrière militaire de Napoléon le plaça en position idéale pour jouer un rôle politique. En 1799, profitant de l'instabilité du Directoire et de son impopularité croissante, il participa au coup d'État du 18 Brumaire (9 novembre 1799), qui mit fin à la Révolution et instaura le Consulat. Napoléon devint Premier Consul, concentrant entre ses mains un pouvoir quasi absolu.

Ses premières actions en tant que chef d'État consolidèrent son emprise sur le pays. Il réforma l'administration, signa le Concordat avec l'Église catholique pour apaiser les tensions religieuses et remporta la bataille de Marengo en 1800, qui renforça son prestige militaire. En 1804, il se couronna empereur, officialisant ainsi sa domination sur la France et marquant l'apogée de son ascension.

Conclusion

L'ascension de Napoléon Bonaparte, de ses origines modestes en Corse à la tête de l'Empire français, est une histoire exemplaire d'ambition et de détermination. Son intelligence, son génie militaire et sa capacité à saisir les opportunités offertes par une époque de bouleversements expliquent son parcours exceptionnel. Ce chemin vers le pouvoir illustre non seulement les potentialités offertes par la Révolution française, mais aussi le rôle déterminant du caractère et de la vision personnelle dans la construction de la grandeur historique.

LES CAMPAGNES MILITAIRES
ET LE GÉNIE STRATÉGIQUE

Napoléon Bonaparte est unanimement reconnu comme l'un des plus grands stratèges militaires de l'histoire. Ses campagnes, menées avec une audace, une précision et une innovation remarquables, ont redéfini l'art de la guerre à son époque et influencent encore les doctrines militaires modernes. De ses premières victoires éclatantes en Italie à sa défaite décisive à Waterloo, son parcours militaire illustre à la fois son génie tactique et les limites imposées par son ambition démesurée.

<u>Les fondements de son génie stratégique</u>

Napoléon a révolutionné la stratégie militaire par son approche de la guerre. Il était un adepte de la guerre de mouvement, privilégiant la rapidité, la flexibilité et l'effet de surprise pour déjouer ses adversaires. Contrairement à la guerre statique pratiquée par les armées européennes de son temps, il utilisait des marches rapides et des manœuvres pour diviser les forces ennemies, concentrer ses propres troupes à des points décisifs et frapper avec une force écrasante.

Sa compréhension approfondie de la logistique militaire, un aspect souvent négligé à l'époque, lui permettait de maintenir des armées bien approvisionnées, même en territoire hostile. En outre, il excellait dans l'art de lire les champs de bataille et d'adapter ses plans en temps réel, tirant parti des moindres failles dans les lignes ennemies.

<u>Les campagnes d'Italie (1796-1797) : la montée en puissance</u>

Les campagnes d'Italie furent la première grande démonstration du génie militaire de Napoléon. À la tête d'une armée française mal équipée, il affronta les forces autrichiennes et piémontaises, qui étaient mieux armées et plus nombreuses.

Grâce à une série de manœuvres audacieuses et à sa capacité à galvaniser ses troupes, il remporta des victoires éclatantes à Lodi, Arcole et Rivoli.

Ces succès lui permirent non seulement de sécuriser la domination française sur l'Italie du Nord, mais aussi de négocier des traités avantageux, comme celui de Campo-Formio, qui renforça sa stature politique et militaire en France.

La campagne d'Égypte (1798-1799) : une aventure ambitieuse

La campagne d'Égypte reflète l'ambition démesurée de Napoléon. Son objectif était de couper la route des Indes aux Britanniques et de créer une base stratégique pour l'expansion française en Orient. Bien qu'il remportât des victoires comme celle des Pyramides, cette campagne fut marquée par des revers significatifs, notamment la destruction de sa flotte par l'amiral britannique Nelson à la bataille d'Aboukir.

Malgré ces échecs, Napoléon utilisa son temps en Égypte pour se positionner comme un visionnaire culturel et scientifique, entouré de savants qui contribuèrent à des découvertes majeures, comme celle de la pierre de Rosette. Son retour en France fut habilement orchestré, et il exploita la situation politique instable pour prendre le pouvoir lors du coup d'État de Brumaire en 1799.

Austerlitz (1805) : l'apogée de son génie militaire

La bataille d'Austerlitz, souvent appelée la « bataille des Trois Empereurs », est considérée comme l'une des plus grandes victoires de Napoléon. En décembre 1805, il affronta les forces combinées de l'Autriche et de la Russie avec une armée numériquement inférieure. Par une manœuvre magistrale, il feinta une faiblesse pour attirer l'ennemi sur un terrain défavorable, avant de contre-attaquer avec une précision dévastatrice.

Cette victoire décisive démontra non seulement son génie stratégique, mais aussi sa capacité à mobiliser ses troupes et à exploiter les erreurs de ses adversaires. Elle scella la domination française en Europe continentale et renforça son prestige.

Les campagnes d'Espagne et de Russie : les revers de l'ambition

La campagne d'Espagne (1808-1814) fut un tournant pour Napoléon. Bien qu'il parvînt initialement à imposer son frère Joseph sur le trône espagnol, il se heurta à une résistance acharnée menée par des guérilleros espagnols, soutenus par les forces britanniques sous le commandement de Wellington. Cette guerre d'usure affaiblit considérablement l'armée française et détourna des ressources précieuses de ses autres fronts.

La campagne de Russie (1812) fut un autre échec majeur. Avec la Grande Armée, Napoléon s'aventura dans les vastes territoires russes, mais les tactiques de la terre brûlée utilisées par les Russes et les rigueurs de l'hiver décimèrent ses forces. Bien qu'il ait pris Moscou, la ville abandonnée et incendiée n'offrit aucun avantage stratégique, et la retraite fut une catastrophe. Sur les 600 000 hommes de la Grande Armée, seuls environ 100 000 revinrent.

Waterloo (1815) : la défaite finale

La bataille de Waterloo, le 18 juin 1815, marqua la fin de la carrière militaire de Napoléon. Après son retour triomphal de l'exil sur l'île d'Elbe pour les Cent-Jours, il affronta une coalition dirigée par le duc de Wellington et le maréchal prussien

Blücher. Bien que ses plans soient habilement conçus, des erreurs tactiques, la fatigue de ses troupes et la coordination efficace des alliés conduisirent à sa défaite.

L'héritage militaire de Napoléon

Malgré ses revers, Napoléon laisse un héritage durable dans l'histoire militaire. Il a inspiré des générations de généraux et a influencé les doctrines militaires modernes. Ses principes, comme la concentration des forces, l'exploitation de la surprise et l'importance de la logistique, restent enseignés dans les académies militaires du monde entier.

Conclusion

Les campagnes militaires de Napoléon Bonaparte témoignent de son génie stratégique, de son audace et de son imagination. Elles montrent également les limites d'une ambition qui ne tenait pas toujours compte des réalités politiques, économiques et géographiques. Ses victoires comme ses défaites ont façonné l'histoire de l'Europe et continuent d'être étudiées comme des exemples emblématiques de l'art de la guerre.

LA RÉFORME DU SYSTÈME JURIDIQUE ET ADMINISTRATIF

L'un des héritages les plus durables de Napoléon Bonaparte réside dans ses réformes institutionnelles, en particulier dans le domaine juridique et administratif. Ces réformes, conçues pour assurer l'ordre, l'efficacité et l'unité de l'État, ont profondément marqué la France et ont influencé de nombreux pays dans le monde. En instaurant des structures stables et des principes juridiques clairs, Napoléon a renforcé la centralisation du pouvoir tout en posant les bases d'une société moderne et organisée.

<u>Le Code civil : une œuvre fondamentale</u>

Le Code civil, également appelé Code Napoléon, est sans conteste l'un des accomplissements les plus emblématiques de Napoléon. Promulgué en 1804, il visait à codifier le droit français, jusque-là fragmenté et complexe, en un ensemble de règles claires et accessibles. Le Code civil repose sur plusieurs principes clés qui incarnent les idéaux de la Révolution française tout en s'inscrivant dans une volonté de stabilité et d'ordre :

1) L'égalité devant la loi : Le Code abolit les privilèges de l'Ancien Régime en établissant que tous les citoyens sont égaux devant la loi, quel que soit leur rang social.

2) La propriété privée : Il garantit le droit à la propriété, considéré comme un pilier de la société bourgeoise et un moteur de développement économique.

3) La liberté contractuelle : Le Code reconnaît la liberté des individus de conclure des contrats, favorisant ainsi les échanges et les relations économiques dans un cadre juridique sécurisé.

4) La primauté de la famille : Bien que progressiste sur certains points, le Code reflète également des valeurs conservatrices, en renforçant l'autorité paternelle et en plaçant les femmes dans une position subordonnée, notamment en matière de mariage et de propriété.

Le Code civil a rapidement dépassé les frontières de la France, s'imposant comme une référence dans de nombreux pays européens et dans les colonies, où il a influencé les systèmes juridiques locaux. Aujourd'hui encore, il constitue le fondement du droit civil dans plusieurs nations.

<u>La réforme de l'administration : la centralisation du pouvoir</u>

Napoléon a profondément transformé l'administration française pour en faire un outil efficace au service de l'État. Conscient des faiblesses des structures administratives héritées de l'Ancien Régime et des troubles révolutionnaires, il a instauré un système centralisé et hiérarchisé, garantissant une meilleure coordination et un contrôle accru.

1) La création des préfets : L'une des innovations majeures de Napoléon fut la création des préfets en 1800. Ces représentants de l'État dans chaque département avaient pour mission de superviser les affaires locales, de maintenir l'ordre et de veiller à l'application des lois et des décisions gouvernementales. Ils dépendaient directement du ministre de l'Intérieur, assurant ainsi un lien étroit entre Paris et les provinces.

2) Le découpage administratif : Le système départemental, hérité de la Révolution française, fut consolidé sous Napoléon. Chaque département était dirigé par un préfet, assisté de sous-préfets et de conseils locaux, garantissant une organisa-

tion uniforme et efficace.

3) La bureaucratie moderne : Napoléon professionnalisa l'administration en recrutant des fonctionnaires compétents, souvent issus de la bourgeoisie, et en leur offrant une formation rigoureuse. Ce système meritocratique renforça la loyauté envers l'État et permit une gestion plus rationnelle des affaires publiques.

<u>Les autres réformes juridiques</u>

Outre le Code civil, Napoléon supervisa la rédaction et la promulgation d'autres codes juridiques, complétant ainsi l'édifice législatif :

1) Le Code de commerce (1807) : Il régit les activités commerciales et les relations entre les entreprises, favorisant ainsi le développement économique.

2) Le Code pénal (1810) : Ce texte encadra la justice criminelle, introduisant des peines claires et proportionnées, bien que parfois sévères, comme la peine de mort pour certains délits.

3) Le Code de procédure civile (1806) et le Code d'instruction criminelle (1808) : Ces textes définissent les règles procédurales pour les affaires civiles et pénales, garantissant une justice plus uniforme.

Ces codes, en instaurant un cadre juridique cohérent et stable, contribuèrent à renforcer la légitimité de l'État napoléonien et à pacifier la société.

Un État centralisé et modernisé

Napoléon renforça également d'autres institutions essentielles pour le fonctionnement de l'État :

1) Le Conseil d'État : Créé en 1799, il joua un rôle clé dans la rédaction des lois et dans la résolution des litiges administratifs, agissant comme une cour suprême pour les affaires publiques.

2) La Banque de France : Fondée en 1800, elle stabilisa le système monétaire et permit de financer les ambitions militaires et administratives de Napoléon.

3) Le système éducatif : Napoléon posa les bases d'un système scolaire public, avec la création des lycées en 1802, destinés à former une élite administrative et militaire. Cette réforme reflète sa volonté de renforcer l'autorité de l'État en contrôlant l'éducation.

Les limites des réformes napoléoniennes

Bien que les réformes de Napoléon aient apporté stabilité et modernité, elles avaient aussi leurs limites. La centralisation du pouvoir, bien que pratique, réduisit l'autonomie des collectivités locales et favorisa un certain autoritarisme. De plus, si le Code civil affirmait des principes égalitaires, il institutionnalisait également des inégalités, notamment en renforçant le contrôle patriarcal dans la sphère privée.

<u>Un héritage durable</u>

Malgré ces limites, l'œuvre réformatrice de Napoléon a laissé une empreinte indélébile. Les institutions qu'il a établies et les lois qu'il a codifiées ont servi de modèles non seulement pour la France, mais aussi pour de nombreux pays à travers le monde. Son système juridique et administratif reste un pilier de la modernité, combinant efficacité, ordre et respect de principes fondamentaux.

<u>Conclusion</u>

Napoléon Bonaparte n'a pas seulement été un conquérant, mais aussi un réformateur visionnaire. En codifiant les lois et en restructurant l'administration, il a transformé la France en un État moderne et centralisé. Cet héritage institutionnel témoigne de son ambition de créer une société stable et organisée, où l'autorité de l'État et les droits individuels coexistent, un idéal qui continue de résonner dans le monde contemporain.

L'EMPIRE ET LA RÉORGANISATION DE L'EUROPE

Napoléon Bonaparte, en tant qu'empereur des Français, a profondément transformé le paysage politique et territorial européen. Son projet d'unification continentale sous la domination française a redéfini les frontières, bouleversé les systèmes politiques traditionnels et propagé des idées révolutionnaires dans les territoires conquis. Si son empire fut éphémère, son influence a laissé des traces durables, notamment dans l'émergence des États-nations modernes et la réorganisation des pouvoirs en Europe.

<u>La création d'un empire européen</u>

Après s'être proclamé empereur en 1804, Napoléon entreprit d'étendre son influence sur l'Europe continentale par une combinaison de victoires militaires, de réformes institutionnelles et de politiques dynastiques. À son apogée, l'Empire napoléonien comprenait la France et des territoires annexés, ainsi que de nombreux États vassaux ou alliés :

1) Les territoires annexés : La Belgique, les Pays-Bas, une partie de l'Allemagne et de l'Italie furent intégrés directement à l'Empire français.

2) Les royaumes satellites : Napoléon plaça des membres de sa famille ou des proches à la tête de royaumes créés ou réorganisés, comme le royaume d'Italie, le royaume de Naples, le royaume d'Espagne ou encore le grand-duché de Varsovie.

3) La Confédération du Rhin : Créée en 1806 après la dissolution du Saint-Empire romain germanique, cette confédération regroupait plusieurs États allemands sous l'influence directe de Napoléon, marquant une étape importante dans l'unification allemande.

La dissolution du Saint-Empire romain germanique

La dissolution du Saint-Empire romain germanique, en 1806, fut l'un des bouleversements majeurs orchestrés par Napoléon. Ce système millénaire, complexe et fragmenté, fut remplacé par des structures plus centralisées et rationnelles. La création de la Confédération du Rhin marqua une rupture avec l'ancien ordre féodal, favorisant l'émergence d'États allemands plus puissants et mieux organisés. Cette restructuration posa les bases de l'unification allemande au XIXe siècle.

Les réformes imposées dans les territoires conquis

Napoléon utilisa son empire pour exporter les idéaux de la Révolution française, mais aussi pour imposer un modèle politique et social centralisé. Les territoires sous son contrôle furent transformés par une série de réformes inspirées des institutions françaises :

1) Les constitutions : Dans de nombreux États satellites, Napoléon imposa des constitutions qui établissaient l'égalité devant la loi, abrogeaient les privilèges féodaux et garantissaient certains droits civiques. Ces constitutions, bien que souvent imposées par la force, introduisirent des principes modernes dans des sociétés encore largement dominées par l'aristocratie.

2) Le Code civil : Le Code Napoléon, dont nous avons déjà parlé précédemment, fut introduit dans de nombreux pays, uniformisant les lois et renforçant les droits individuels. Ce texte, qui protégeait notamment la propriété privée et la liberté contractuelle, permit de moderniser les systèmes juridiques locaux.

3) Les réformes économiques et sociales : Napoléon abolit la féodalité dans plusieurs régions, libérant les paysans de leurs obligations seigneuriales. Il encouragea également le développement des infrastructures, notamment par la construction de routes et de ponts, pour faciliter le commerce et la logistique militaire.

4) L'administration centralisée : Inspiré du modèle français, le système administratif mis en place dans les territoires conquis reposait sur des structures hiérarchiques et centralisées, garantissant une gestion efficace et un contrôle accru par Paris.

<u>Les résistances nationales et l'émergence des États-nations</u>

Si les réformes napoléoniennes apportèrent modernité et efficacité, elles suscitèrent également des résistances dans les territoires conquis. Les populations locales voyaient souvent Napoléon comme un occupant imposant des réformes sans leur consentement. Ces résistances prirent diverses formes :

1) En Espagne, la guerre d'indépendance (1808-1814) fut marquée par une opposition acharnée, notamment sous forme de guérilla, soutenue par les Britanniques. Cette lutte inspira un sentiment national fort chez les Espagnols.

2) En Allemagne, bien que certains États profitèrent des réformes napoléoniennes, un sentiment anti-français émergea, nourri par des intellectuels comme Johann Gottlieb Fichte, qui appelèrent à une unité nationale pour résister à l'occupant.

3) En Russie, la campagne de Napoléon en 1812 renforça l'identité nationale russe, galvanisant les forces contre l'invasion française.

Ces résistances, tout en affaiblissant Napoléon, contribuèrent à l'émergence d'un nouvel ordre européen, fondé sur l'idée d'États-nations capables de résister aux ambitions hégémoniques.

Le blocus continental et l'économie européenne

L'une des stratégies majeures de Napoléon pour affirmer sa domination fut le blocus continental (1806), visant à interdire aux pays européens tout commerce avec la Grande-Bretagne. Ce blocus avait pour objectif d'affaiblir l'économie britannique tout en renforçant les industries continentales. Cependant, cette politique eut des conséquences mitigées :

1) Elle provoqua des tensions économiques dans les territoires soumis, car de nombreux pays dépendaient du commerce avec la Grande-Bretagne.

2) Elle fut difficile à faire respecter, notamment en Russie et au Portugal, où les violations du blocus contribuèrent à des conflits armés.

Le blocus, bien qu'ambitieux, révéla les limites du contrôle napoléonien sur un continent économiquement interconnecté.

La chute de l'Empire et la réorganisation de l'Europe

Après la désastreuse campagne de Russie (1812) et la défaite de Leipzig (1813), les forces alliées infligèrent à Napoléon une série de revers qui aboutirent à sa première abdication en 1814. Son retour pour les Cent-Jours en 1815 se termina par la défaite décisive de Waterloo. Ces événements marquèrent la fin de son empire.

Le Congrès de Vienne (1815) fut convoqué pour redessiner les frontières européennes et rétablir l'équilibre des pouvoirs. Bien que les alliés cherchèrent à effacer l'héritage napoléonien, certaines de ses réformes, notamment celles relatives à la modernisation administrative et juridique, perdurèrent.

Un héritage durable

Malgré la brièveté de son empire, Napoléon laissa une empreinte indélébile sur l'Europe. Ses réformes juridiques, administratives et économiques contribuèrent à moderniser de nombreux pays. De plus, les bouleversements qu'il provoqua accélérèrent l'émergence des mouvements nationaux en Allemagne, en Italie et en Espagne, préparant le terrain pour les grandes transformations politiques du XIXe siècle.

Conclusion

Napoléon Bonaparte a redessiné l'Europe par la force et la réforme, imposant une vision centralisée et modernisée dans les territoires qu'il contrôlait. Si son ambition de créer un empire unifié échoua, son influence sur la structure politique et sociale de l'Europe fut profonde et durable, jetant les bases d'une nouvelle ère marquée par l'émergence des États-nations et la modernisation des institutions.

LA RELATION AVEC LA RÉVOLUTION FRANÇAISE

Napoléon Bonaparte occupe une place unique dans l'histoire comme figure qui incarne à la fois l'accomplissement et la trahison des idéaux de la Révolution française. Héritier direct des bouleversements révolutionnaires, il a consolidé certains principes fondamentaux tout en rétablissant une forme d'autoritarisme sous l'apparence d'un empire. Cette dualité complexe entre continuité et rupture est essentielle pour comprendre son rôle historique et son héritage.

<u>Héritier des idéaux révolutionnaires</u>

Napoléon est le produit direct de la Révolution française, qui a ouvert des opportunités inédites à des individus talentueux issus de milieux modestes. La chute de l'Ancien Régime et la destruction des privilèges héréditaires ont permis à Napoléon, fils d'une famille corse modeste, de s'élever dans les rangs militaires et politiques.

1) L'égalité devant la loi : Le principe révolutionnaire d'égalité devant la loi fut institutionnalisé par Napoléon à travers le Code civil (1804). Ce texte juridique garantit l'égalité de tous les citoyens, mettant fin aux privilèges de l'aristocratie et établissant un cadre juridique uniforme. La Révolution avait posé les bases de cette égalité, mais Napoléon en a assuré la pérennité.

2) La méritocratie : Napoléon promut la méritocratie, un principe clé de la Révolution, en récompensant les talents et les compétences plutôt que les privilèges de naissance. Dans l'armée et l'administration, il favorisa les promotions basées sur les mérites individuels, offrant des opportunités à ceux qui se distinguaient par leur travail et leurs compétences.

3) La laïcité et la réconciliation religieuse : Bien qu'il signât le Concordat de 1801 avec le pape pour rétablir des relations avec l'Église catholique, Napoléon maintint une séparation claire entre l'Église et l'État, consolidant l'héritage laïque de la Révolution. Ce compromis permit d'apaiser les tensions religieuses sans revenir à une domination cléricale.

4) La centralisation de l'État : Inspiré par les réformes administratives de la Révolution, Napoléon renforça la centralisation en instaurant une bureaucratie efficace et hiérarchisée. Les préfets, créés en 1800, devinrent des instruments clés de cette organisation.

<u>Fossoyeur des aspirations révolutionnaires</u>

Malgré ces héritages, Napoléon s'éloigna des aspirations démocratiques et républicaines portées par la Révolution. En accédant au pouvoir absolu et en se couronnant empereur en 1804, il rétablit une monarchie de fait, bien que déguisée sous une forme impériale moderne.

1) Le rétablissement de l'autoritarisme : Après avoir pris le pouvoir par le coup d'État du 18 Brumaire (1799), Napoléon concentra progressivement tous les pouvoirs entre ses mains. En tant que Premier Consul, puis empereur, il réduisit les institutions démocratiques à des rôles symboliques. Les élections furent manipulées, et les corps législatifs perdirent leur indépendance, confirmant la transition vers un régime autoritaire.

2) Le couronnement impérial : Le couronnement de Napoléon comme empereur des Français en 1804 symbolise la rupture avec les idéaux républicains de la Révolution. En se

couronnant lui-même, il envoya un message clair : son pouvoir venait de lui seul et non du peuple ou d'une institution religieuse. Cet acte rappelait les pratiques monarchiques, en contradiction avec les aspirations égalitaires et républicaines de 1789.

3) La répression et le contrôle : Napoléon institua un contrôle strict sur la presse et la liberté d'expression. La censure devint un outil essentiel pour étouffer les oppositions politiques et maintenir son pouvoir. Les opposants réels ou supposés furent surveillés, emprisonnés ou exilés.

4) Le rétablissement de l'esclavage : En 1802, Napoléon rétablit l'esclavage dans les colonies françaises, annulant ainsi l'une des grandes avancées sociales de la Révolution. Cette décision, motivée par des considérations économiques, trahit les idéaux de liberté et d'égalité portés par les révolutionnaires.

<u>Une relation ambivalente : continuité et rupture</u>

La relation de Napoléon avec la Révolution française est marquée par une tension entre continuité et rupture :

1) Continuité : Napoléon a institutionnalisé les acquis les plus solides de la Révolution, notamment l'égalité devant la loi, la laïcité et la centralisation de l'État. Il a également propagé ces principes dans les territoires conquis, contribuant à la modernisation de nombreuses sociétés européennes.

2) Rupture : En revanche, son autoritarisme et son ambition personnelle contrastaient fortement avec les idéaux démocratiques et égalitaires des premières années révolutionnaires. Son empire s'éloigna des aspirations républicaines pour reve-

nir à une forme de pouvoir autocratique.

<u>L'héritage de cette relation</u>

L'héritage de Napoléon, en tant qu'héritier et fossoyeur de la Révolution française, est complexe :

1) Durabilité des institutions : Les réformes napoléoniennes, telles que le Code civil, les préfets et le système éducatif, consolidèrent les acquis révolutionnaires et donnèrent à la France un cadre institutionnel stable.

2) Réformes sociales et économiques : En consolidant la bourgeoisie comme classe dominante, Napoléon permit la stabilisation d'un ordre social hérité de la Révolution.

3) Mémoire conflictuelle : Napoléon reste une figure ambivalente dans la mémoire française. Il est à la fois célébré comme un génie militaire et un réformateur visionnaire, mais critiqué pour son autoritarisme et ses dérives impériales.

<u>Conclusion</u>

Napoléon Bonaparte symbolise à la fois la réalisation et la déviation des idéaux de la Révolution française. S'il a institutionnalisé des principes fondamentaux comme l'égalité et la méritocratie, il a également trahi les aspirations démocratiques en établissant un régime autoritaire et centralisé. Cette dualité fait de lui une figure complexe, à la croisée des héritages révolutionnaires et des ambitions impériales.

L'EXIL ET LE MYTHE NAPOLÉONIEN

La chute de Napoléon Bonaparte, suivie de ses exils et de sa mort, a marqué la fin de son règne, mais pas celle de son influence. Si sa défaite militaire a scellé la dissolution de son empire, elle a aussi donné naissance à un puissant mythe qui continue de fasciner. L'exil, l'échec et la grandeur tragique de Napoléon ont contribué à transformer sa figure en symbole universel d'ambition, de génie et de controverse.

<u>L'abdication et l'exil à l'île d'Elbe</u>

Après une série de défaites militaires, notamment à Leipzig en 1813, Napoléon abdiqua une première fois le 6 avril 1814. Contraint de renoncer à son trône, il fut exilé sur l'île d'Elbe, une petite île méditerranéenne proche de la Corse. Ce premier exil marqua un moment de transition :

1) Le rôle de l'exil : Napoléon conserva le titre d'empereur et une souveraineté sur l'île, bien que ses ressources fussent limitées. Il utilisa son séjour pour moderniser l'administration et les infrastructures locales, montrant une fois de plus son énergie et son souci de réforme, même dans des circonstances défavorables.

2) Le mécontentement en Europe : Pendant son exil, les monarchies européennes, notamment sous la direction de Louis XVIII en France, peinèrent à stabiliser l'ordre. L'insatisfaction populaire en France, combinée à la loyauté persistante de certains vétérans et partisans de Napoléon, facilita son retour.

<u>Le retour des Cent-Jours</u>

En février 1815, Napoléon s'échappa de l'île d'Elbe et débarqua à Golfe-Juan, sur la côte française. Son retour à Paris, sans qu'aucun coup de feu ne soit tiré, fut une démonstration de son charisme et de l'enthousiasme populaire qu'il suscitait encore.

1) La reconquête du pouvoir : Pendant les Cent-Jours, Napoléon tenta de rétablir son empire et de réformer son administration. Cependant, son autorité était fragile et dépendait d'une victoire militaire rapide pour garantir sa légitimité.

2) La défaite de Waterloo : La bataille de Waterloo, le 18 juin 1815, marqua la fin définitive de son règne. Cette défaite face à la coalition dirigée par le duc de Wellington et le maréchal Blücher scella son destin.

<u>L'exil à Sainte-Hélène</u>

Après sa seconde abdication, Napoléon fut exilé sur l'île de Sainte-Hélène, une possession britannique isolée dans l'Atlantique Sud. Cet exil, beaucoup plus sévère que le premier, marqua les dernières années de sa vie :

1) La captivité : Sous la surveillance stricte des Britanniques, Napoléon vécut dans des conditions austères à Longwood House. Son quotidien était rythmé par l'écriture, les discussions avec ses compagnons d'exil, et les affrontements avec ses geôliers, notamment Sir Hudson Lowe, qu'il méprisait.

2) La construction de son mythe : Pendant son exil, Napoléon se consacra à façonner son héritage. Il dicta ses mé-

moires à ses fidèles, notamment le comte de Las Cases, dans lesquelles il se dépeint comme un héros romantique, défenseur des idéaux révolutionnaires et victime des monarchies européennes. Ces récits, regroupés dans le célèbre ouvrage Mémorial de Sainte-Hélène, contribuèrent à cimenter son image légendaire.

3) Sa mort : Napoléon mourut le 5 mai 1821, probablement d'un cancer de l'estomac. Cependant, des théories sur un éventuel empoisonnement émergèrent, renforçant le mystère autour de sa fin.

Le retour des cendres et le renforcement du mythe

En 1840, sous le règne de Louis-Philippe, le roi des Français, le corps de Napoléon fut rapatrié de Sainte-Hélène à Paris lors de la cérémonie du Retour des Cendres. Cet événement, orchestré avec une grande solennité, renforça le culte napoléonien :

1) Le tombeau aux Invalides : Les restes de Napoléon furent inhumés dans un tombeau monumental aux Invalides, à Paris, symbolisant sa grandeur et son rôle central dans l'histoire de la France.

2) L'impact émotionnel : Le retour de ses cendres galvanisa les sentiments nostalgiques envers Napoléon et raviva le souvenir de ses accomplissements, en contraste avec les faiblesses des régimes qui lui succédèrent.

<u>Le mythe napoléonien</u>

Le mythe de Napoléon dépasse sa carrière militaire et politique pour devenir un symbole universel :

1) Un héros romantique : Napoléon est perçu comme un homme de génie, capable de transcender les limites humaines. Son ambition, son charisme et ses victoires en font un modèle d'héroïsme romantique.

2) Un défenseur des idéaux révolutionnaires : Bien que son règne fût autoritaire, Napoléon est souvent vu comme un héritier des idéaux de la Révolution française, notamment l'égalité devant la loi et la méritocratie.

3) Un despote éclairé : Ses critiques le considèrent comme un tyran, obsédé par le pouvoir, dont les conquêtes coûtèrent des millions de vies. Cette dualité nourrit le débat autour de son rôle dans l'histoire.

4) Une source d'inspiration : Napoléon a influencé des générations de dirigeants, écrivains et artistes. Des figures comme Hitler, Mussolini, mais aussi des démocrates et des révolutionnaires, se sont inspirées de son modèle.

<u>Conclusion</u>

L'exil et la chute de Napoléon ont renforcé son statut de figure légendaire. Transformé en martyr par son éloignement et sa mort, il incarne à la fois le génie, l'ambition démesurée et la tragédie. Le mythe napoléonien reste un sujet d'admiration et de controverse, traversant les époques pour symboliser les contradictions et les aspirations de l'humanité.